SWEDISH
VISUAL DICTIONARY

Tuomas Kilpi

OPPIAN

Published by Oppian Press
Helsinki, 2020

ISBN 978-951-877-163-3

Table of Contents

gaffel

kniv

tallrik

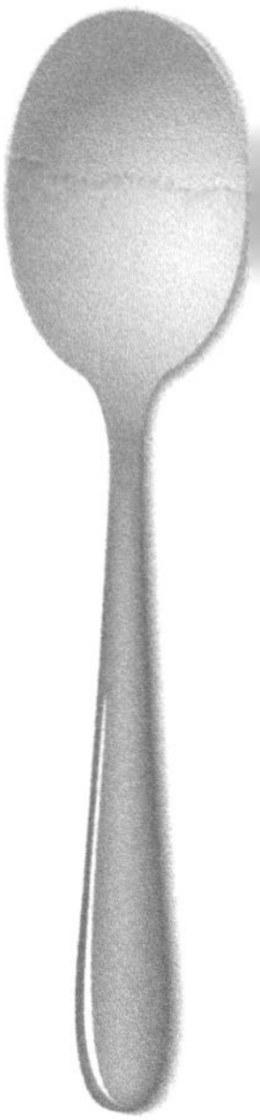

sked

gryta

glas

stekpanna
mugg
tekanna
sil
stekspade

bönor

ris

potatis

dadel

te

kaffe

äpple

päron

banan

morot

sötpotatis

vitlök

lök

ananas

jordgubbe

apelsin

kokosnöt

citron

kiwifrukt

tomat

gurka

hallon

aprikos

vindruvor

papaya

melon

plommon

mango

vattenmelon

aubergin

fikon

chili

blomkål

rova
kål
lök
svamp
sallad

salt

olivolja

mjöl

socker

smör

mjölk

ost

bröd

pasta

glass

kaka

choklad

man

kvinna

flicka

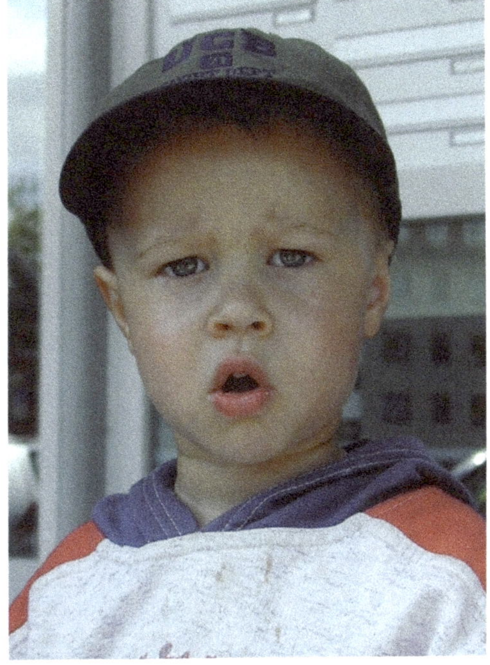

pojke

kappa

byxor

bälte

strumpor

skor

tröja
kjol
halsduk
stövlar
hatt

lamm

ko

fisk

katt

gris

hund

kyckling

ägg

björn

ekorre

råtta

hare

varg

räv

älg

snigel

skorpion

groda

geting

bi

mygga

badrum

kök

sovrum

vardagsrum

tak

fönster

vägg

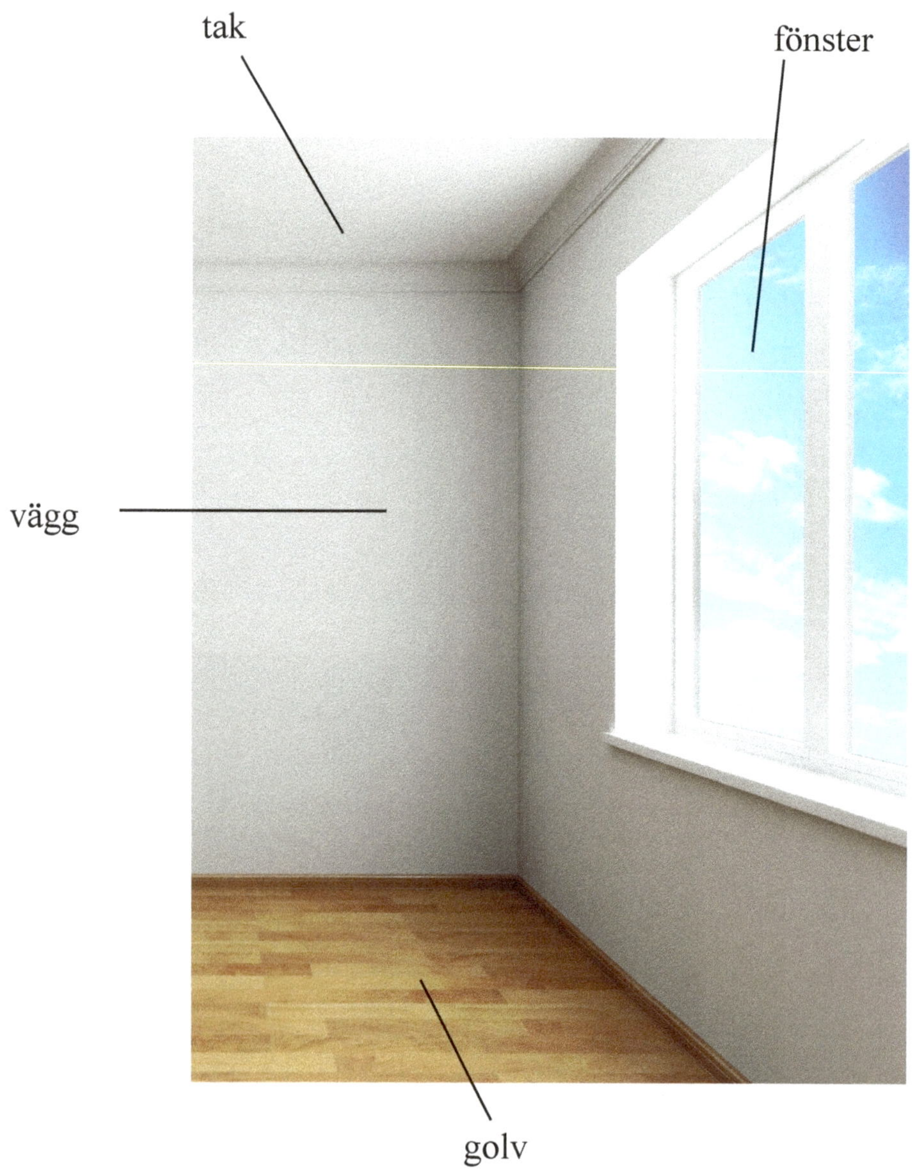

golv

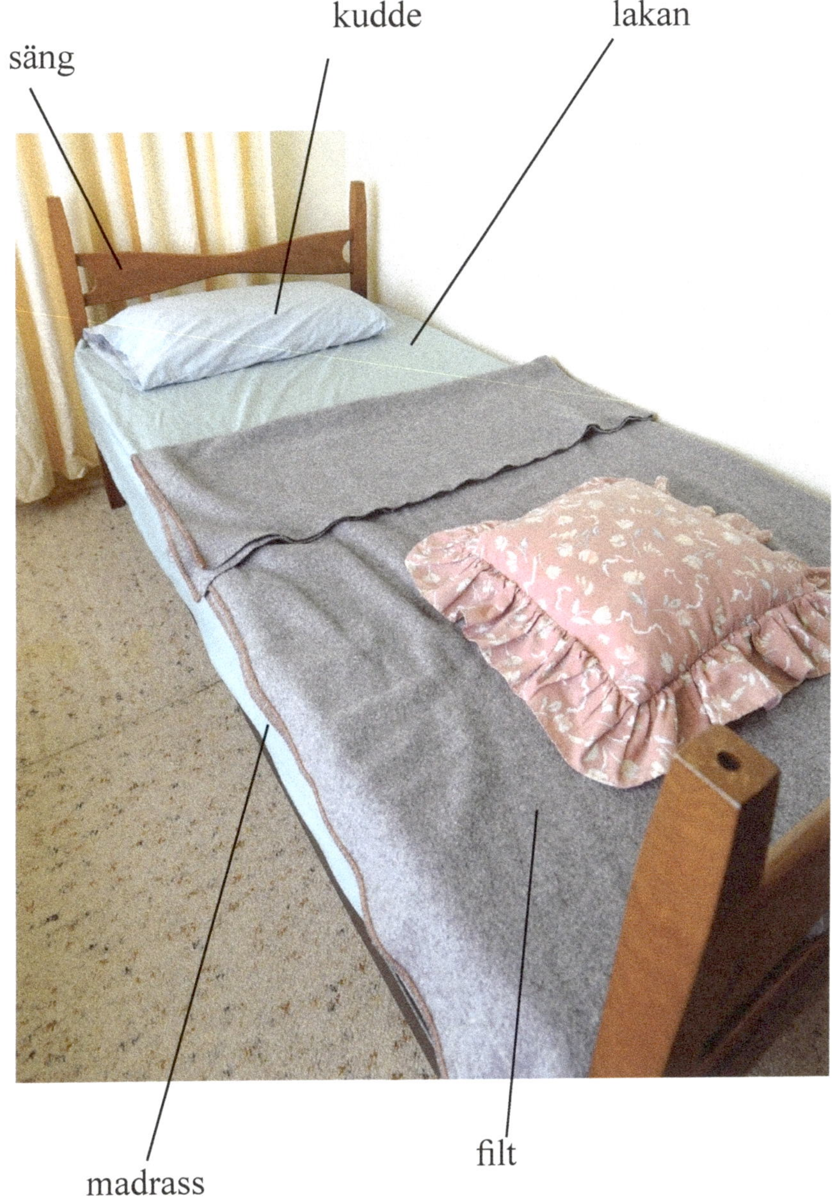

säng
kudde
lakan
madrass
filt

matta

lampa

paraply

bord

stol

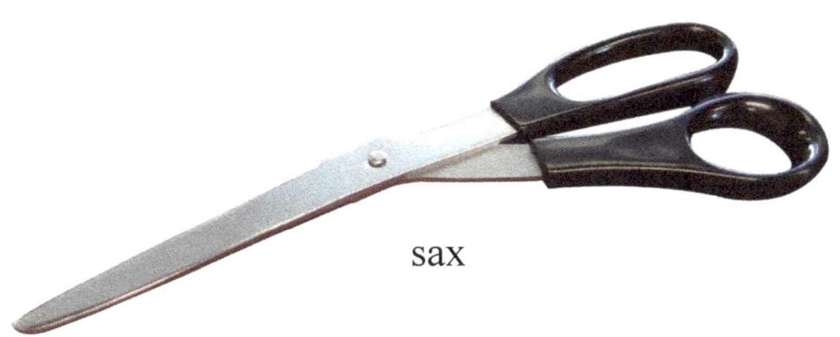

sax

kuvert

frimärke

paket

tvål

toaletpapper

tandborste

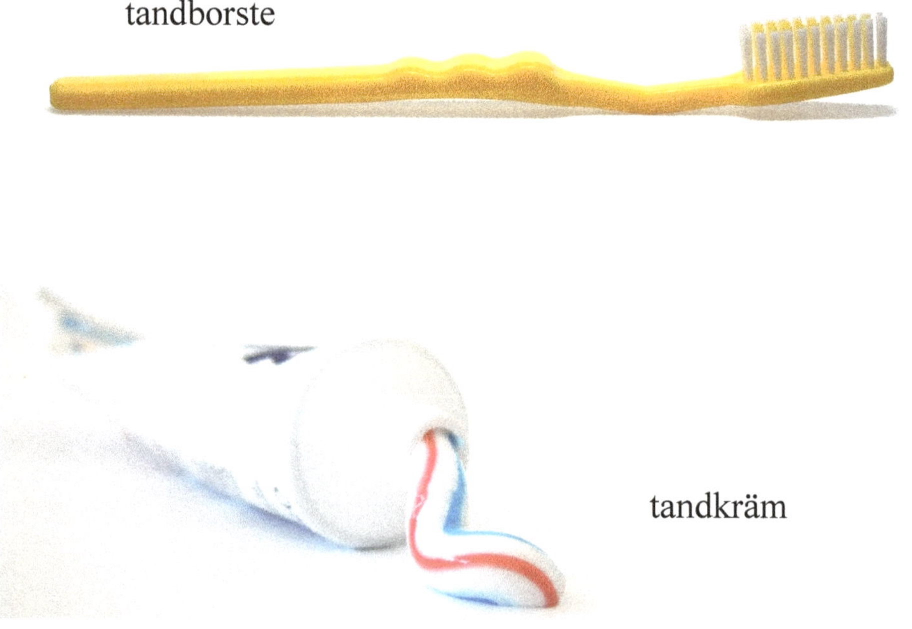

tandkräm

borste
kamm
tandtråd
deodorant
våg
rakapparat

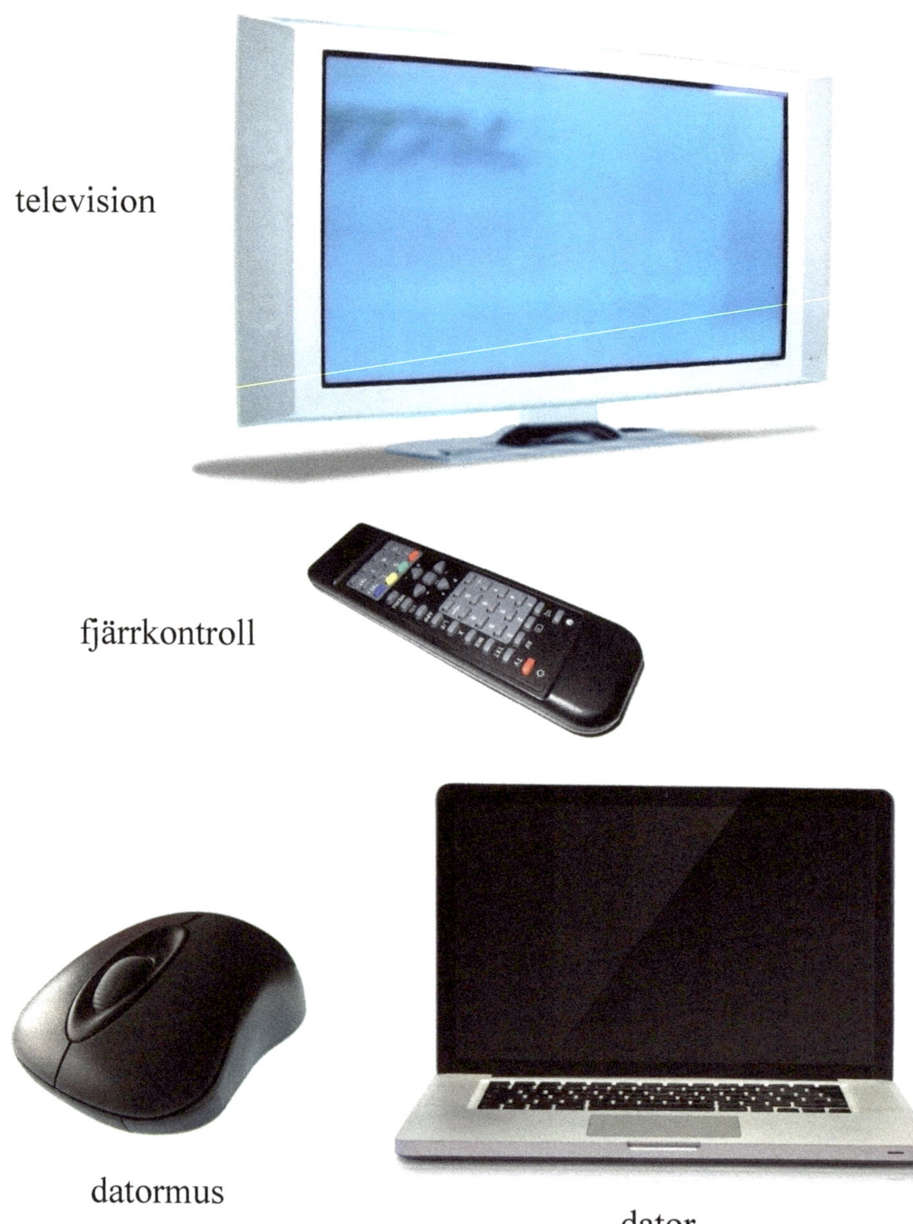

television

fjärrkontroll

datormus

dator

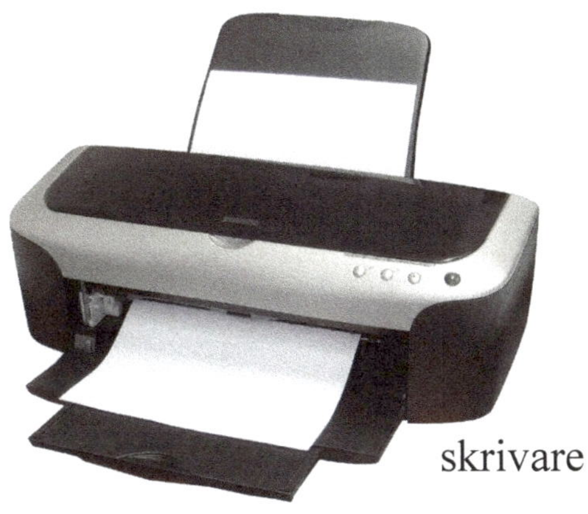

skrivare

bok

laddare

telefon

nyckel

mikrovågsugn

miniräknare

armbandsur

glasögon

elektrisk borr

skruvmejsel

skruv

spik

hammare

skiftnyckel

kreditkort

plånbok

sedel

mynt

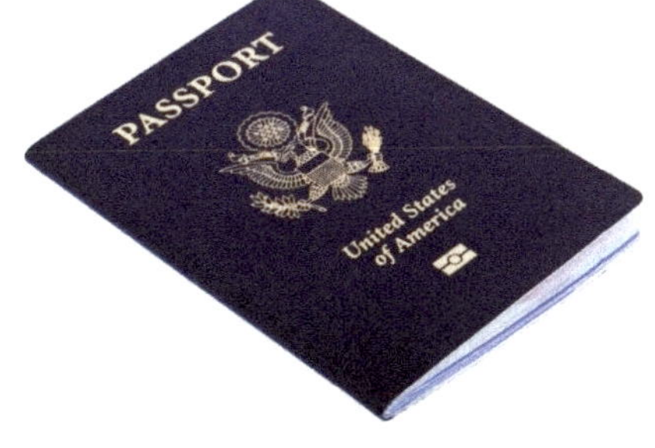

tidtabell

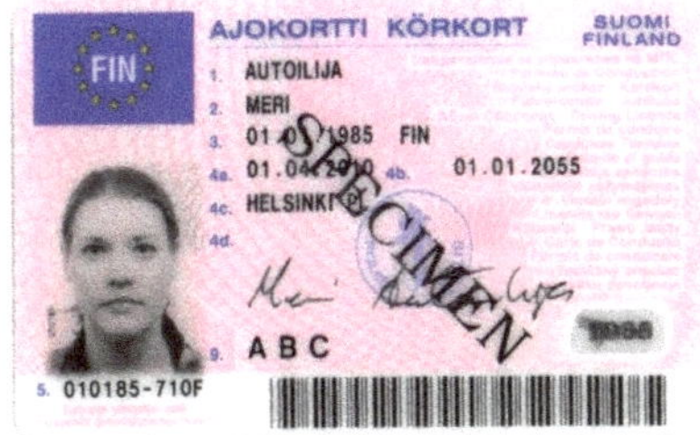

pass

körkort

fingeravtryck

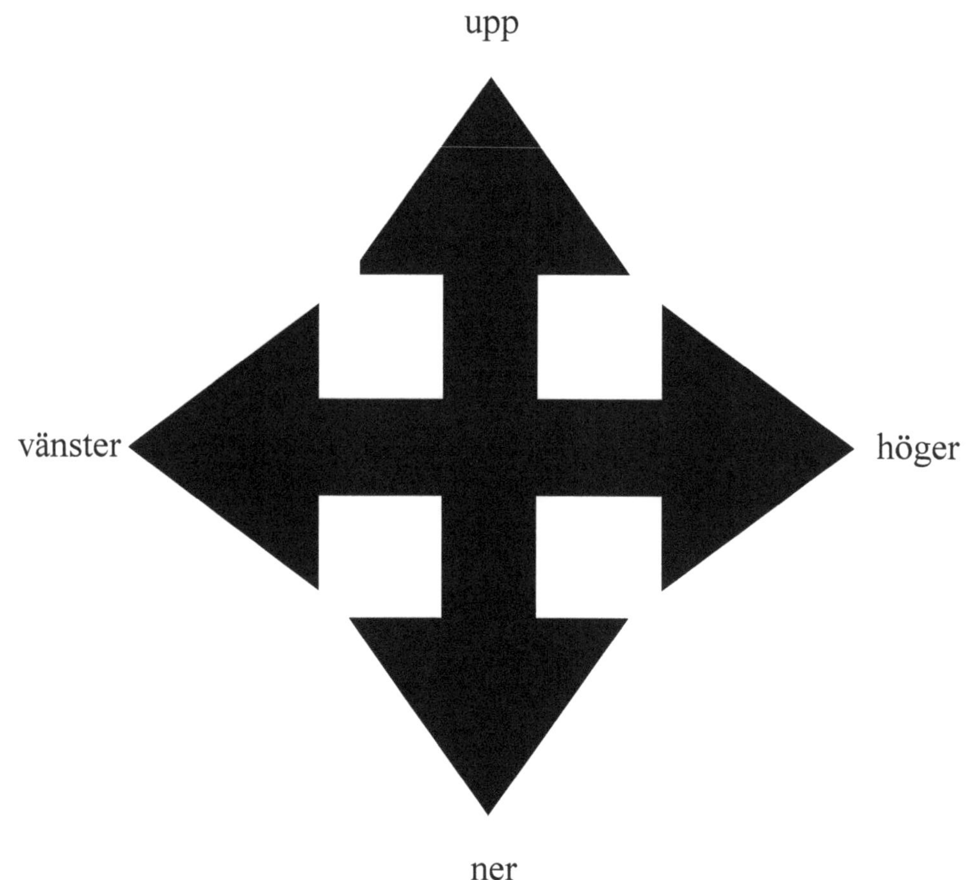

upp
vänster
höger
ner

nord

nordväst

nordöst

väst

öst

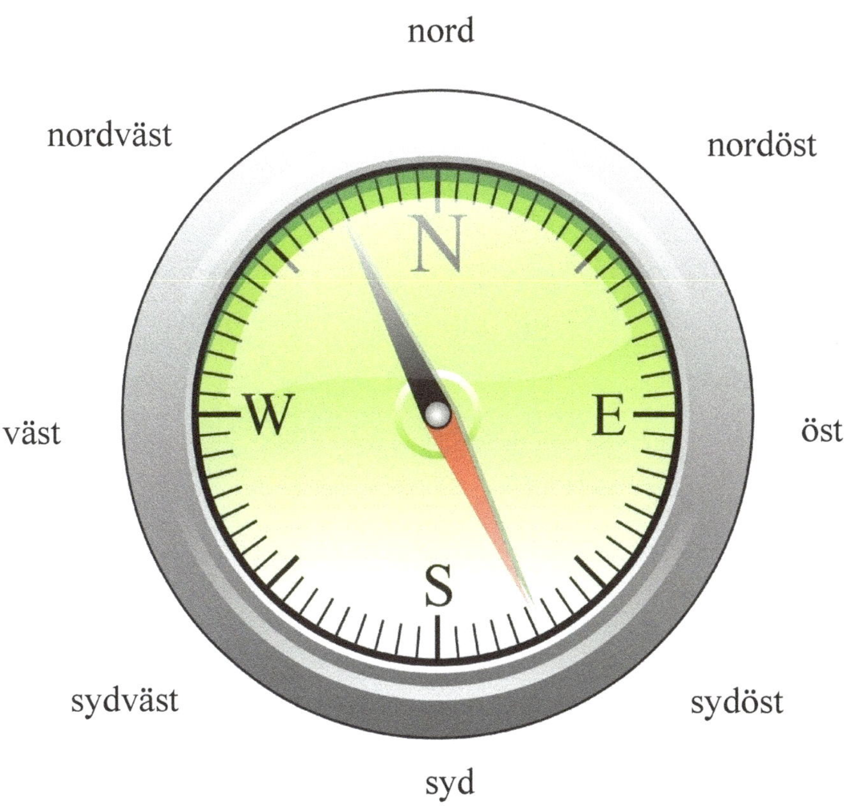

sydväst

sydöst

syd

axelväska

portfölj

ryggsäck

plastpåse

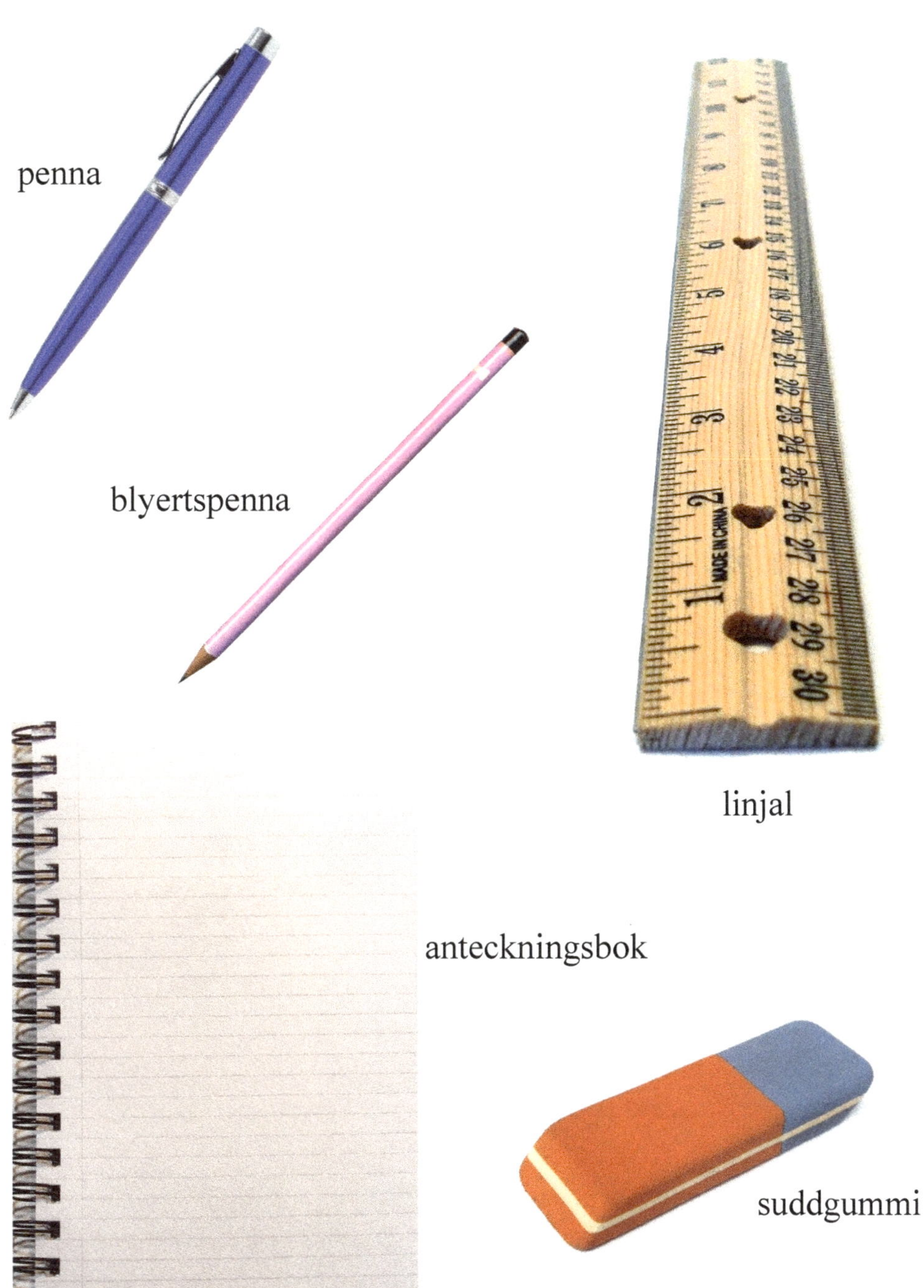

penna
blyertspenna
linjal
anteckningsbok
suddgummi

bil

buss

skåpbil

tåg

spårvagn

motorcykel

cykel

flygplan

trafikljus

vägmärke

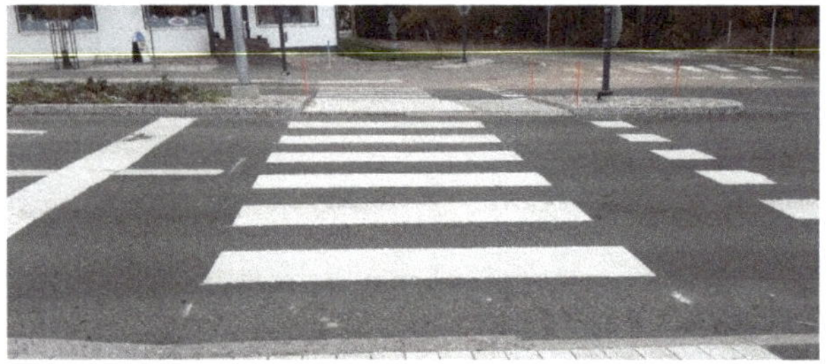

övergångsställe

bensinstation

busshållplats

dammsugare

diskmaskin

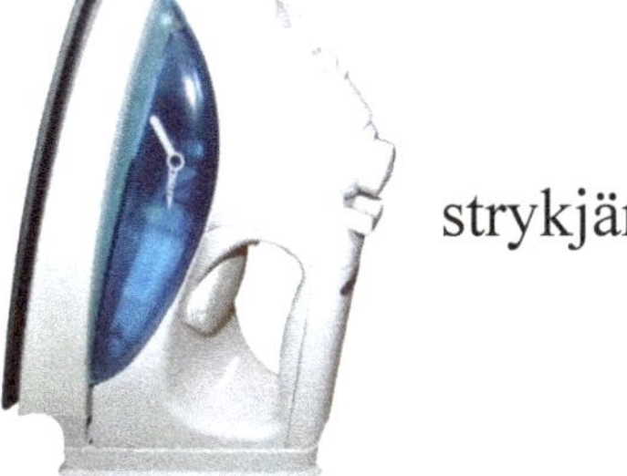

strykjärn

strykbräda

städsvamp

kvast

städtrasa

sopskyffel

sprayflaska

hink

spjälsäng

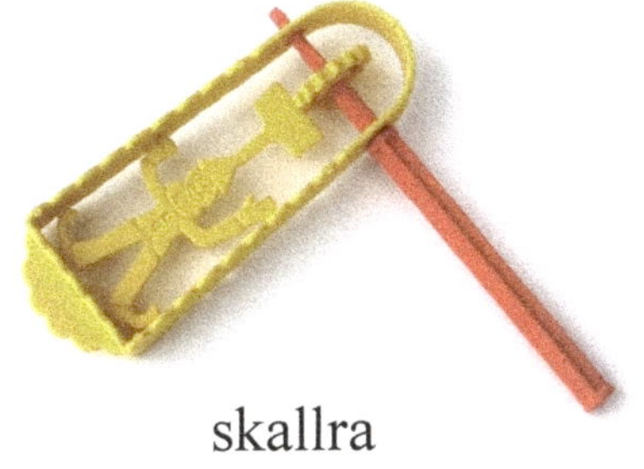

skallra

blöja

napp

barnvagn

potta

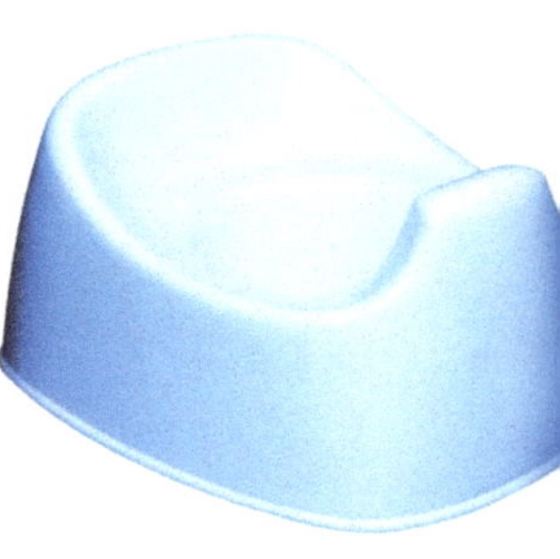

nappflaska

docka

fotboll

drake

tärning

spelkonsol

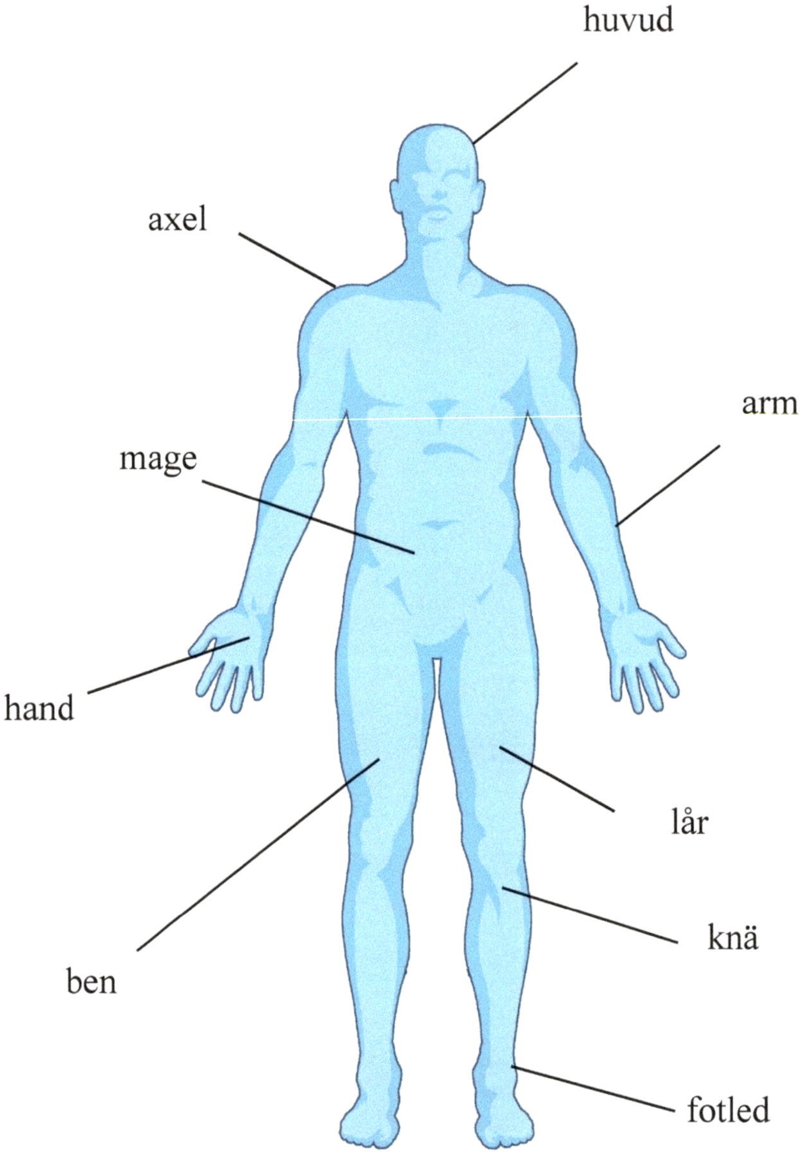

huvud
axel
arm
mage
hand
lår
knä
ben
fotled

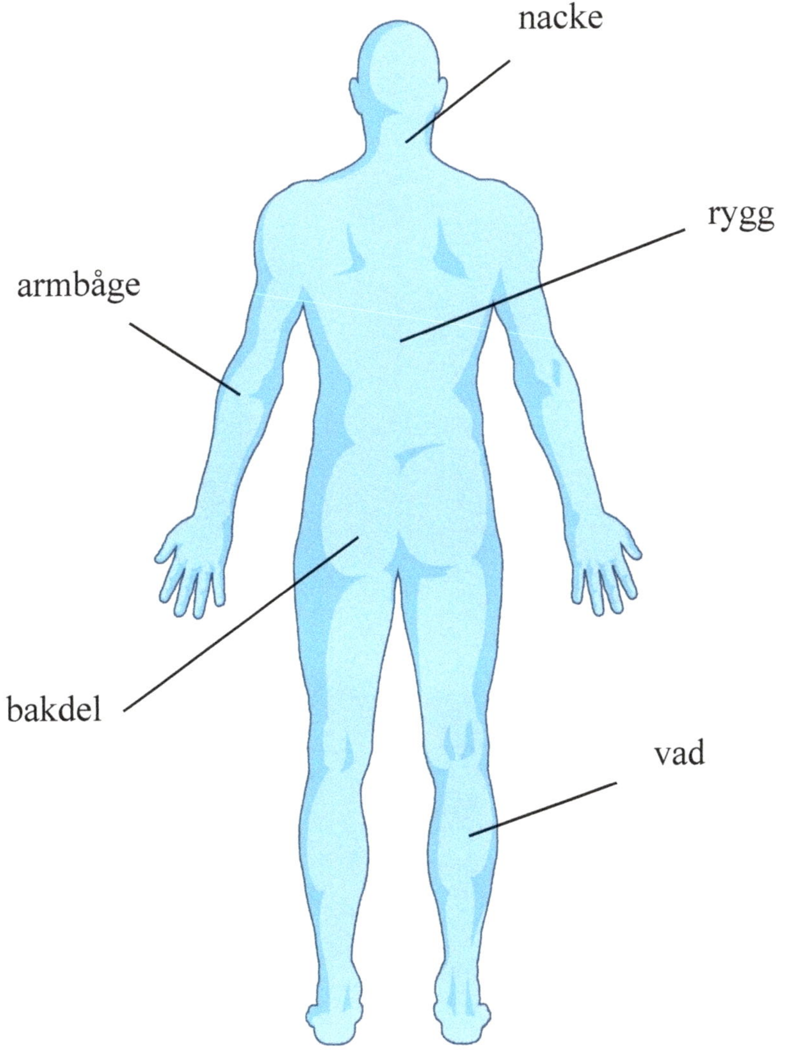

nacke
rygg
armbåge
bakdel
vad

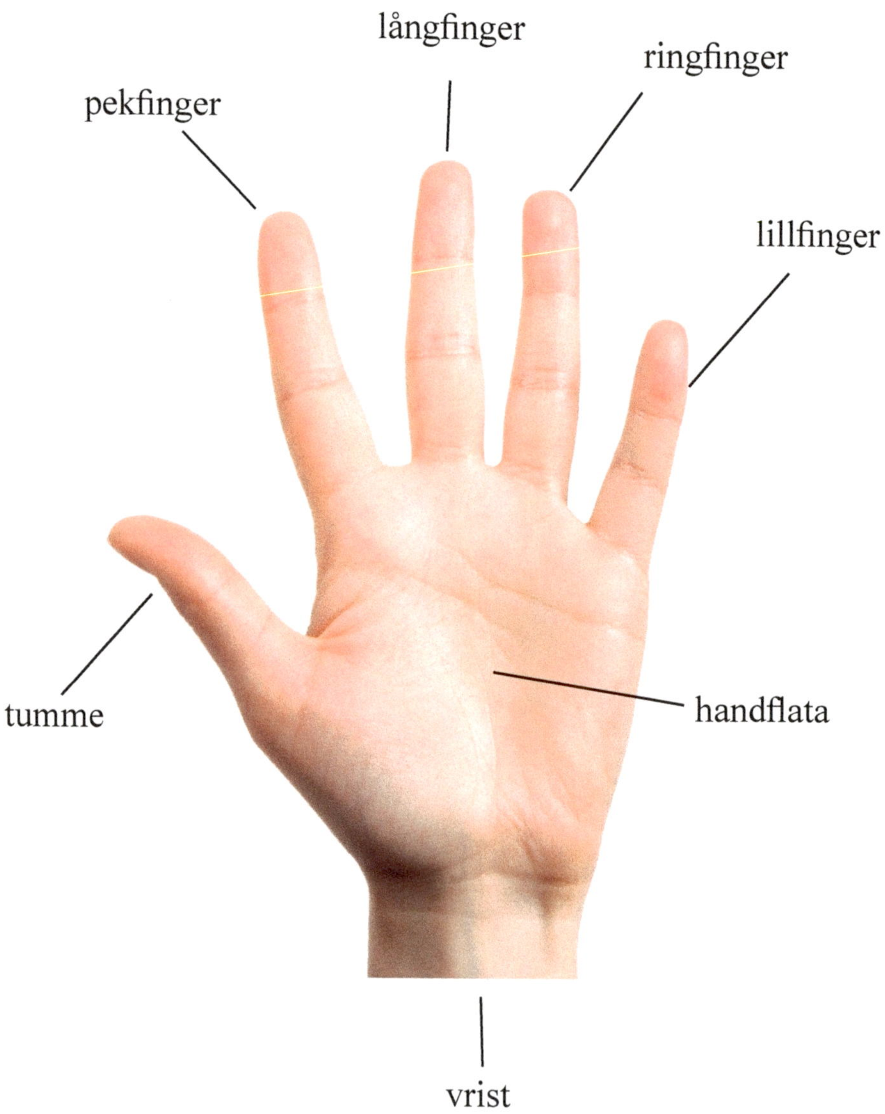

långfinger
ringfinger
pekfinger
lillfinger
tumme
handflata
vrist

57

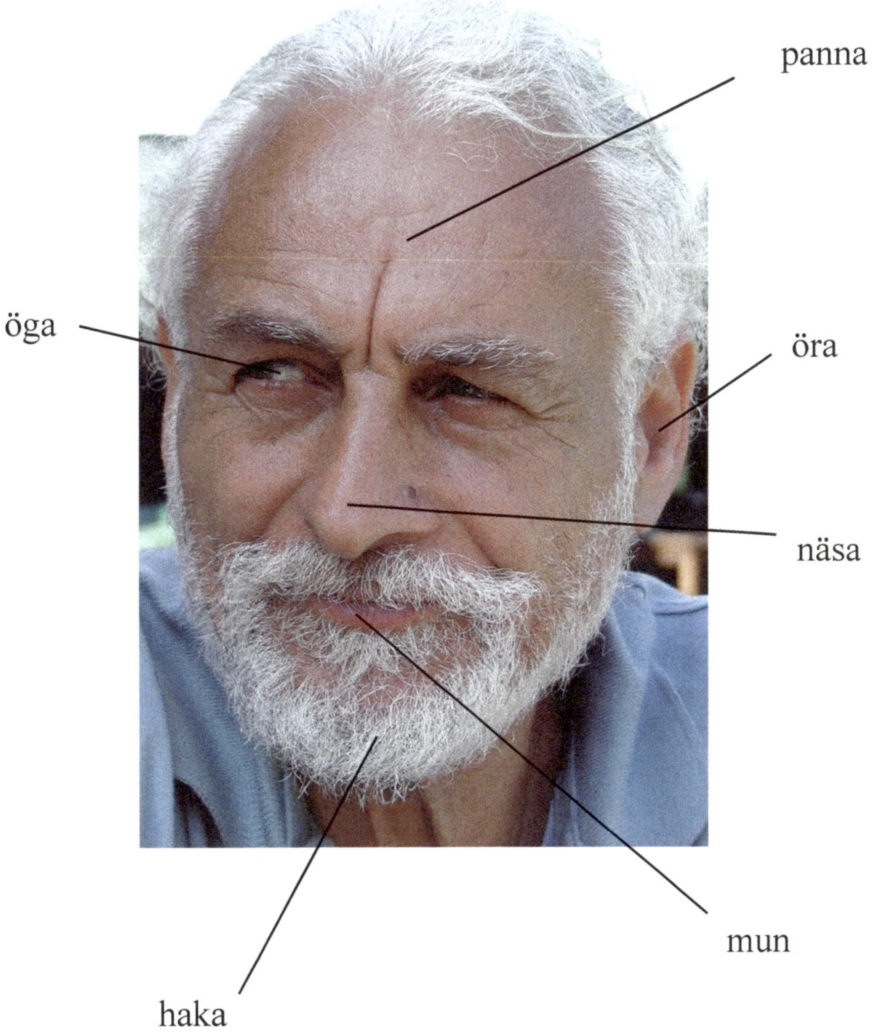

apotek

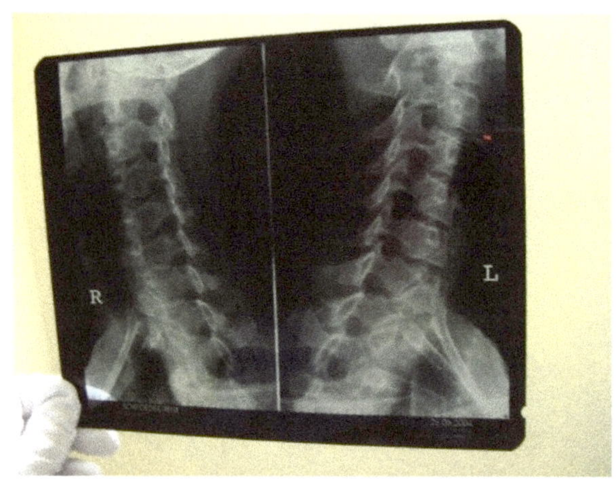

röntgenbild

termometer

ambulans

spruta

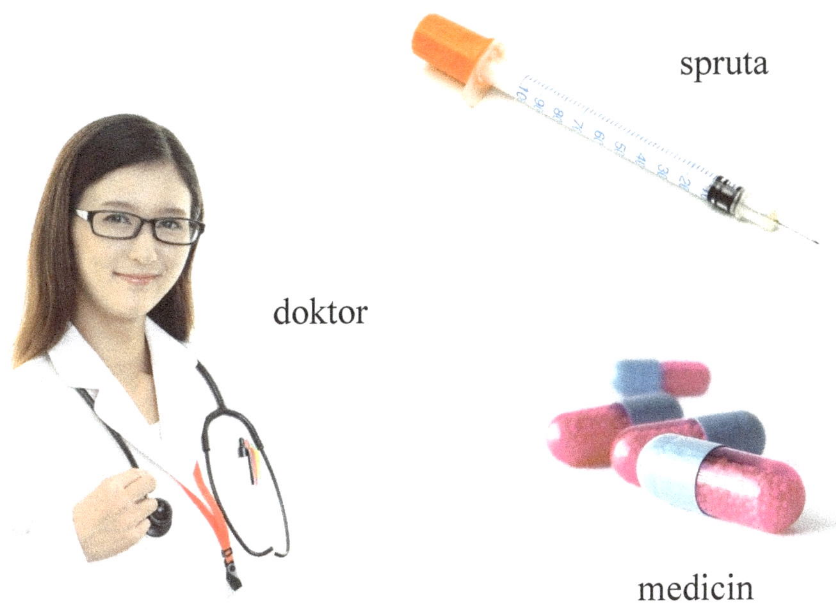

doktor

medicin

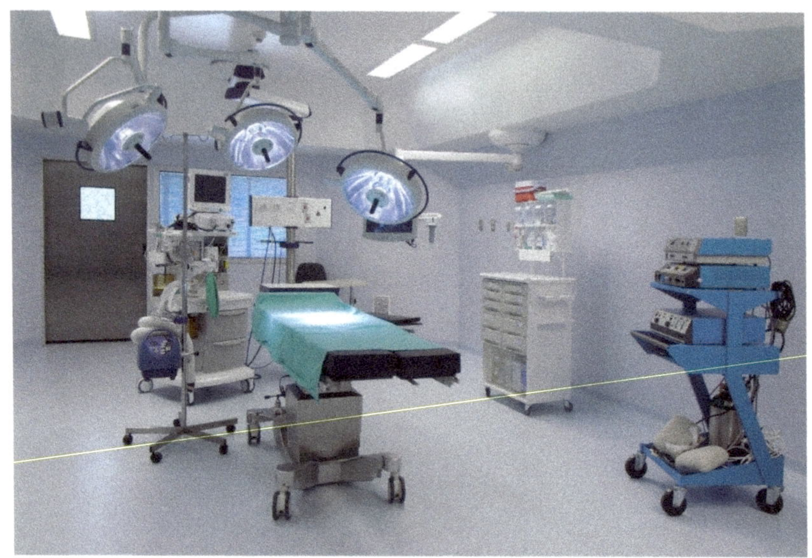

operationssal

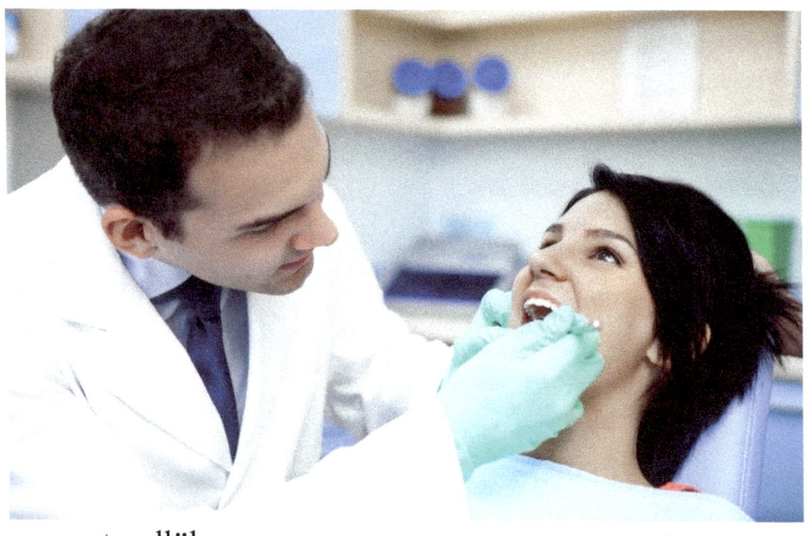

tandläkare
patient

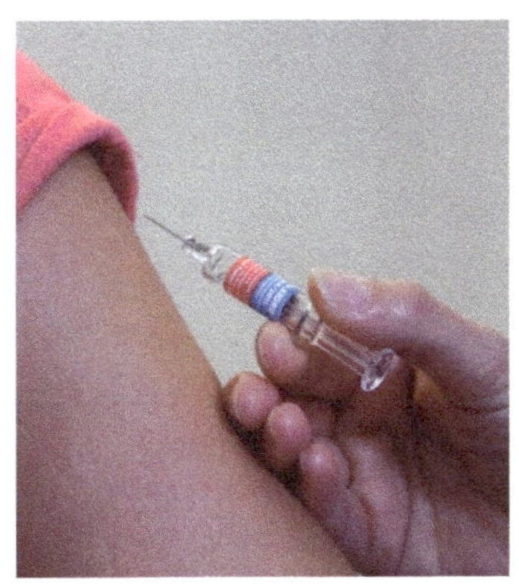

injektion

sjukhus

plåster

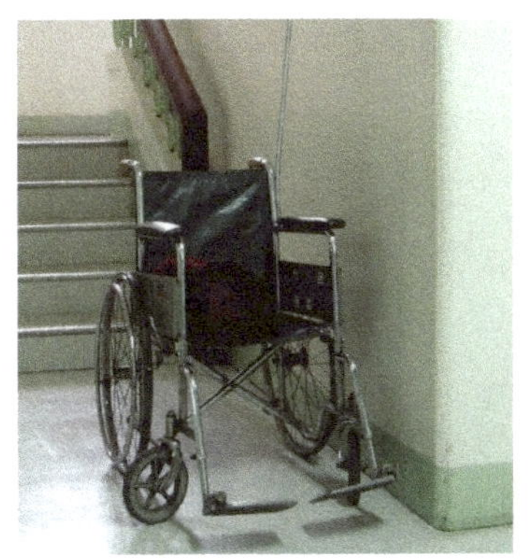

rullstol

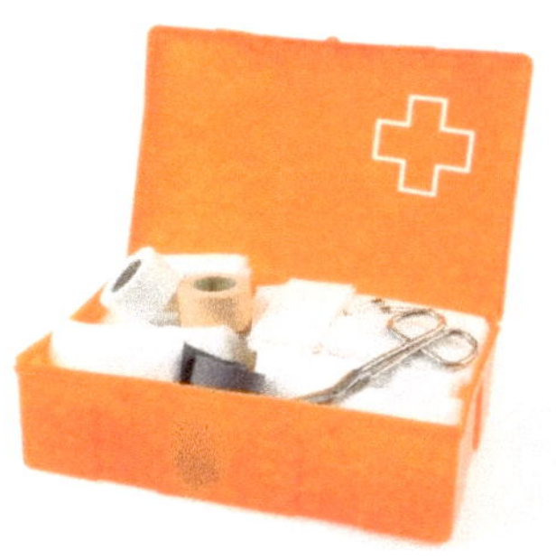

förbandslåda

att äta

att dricka

att gå

att sitta

att prata

att skratta

att bära

att stå

att le

att städa

att laga mat

att nysa

att gråta

att krama

att sova

att hoppa

att springa

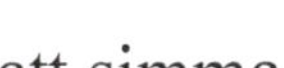

att simma

att läsa

att undervisa

att splela

att skriva

fyrkant

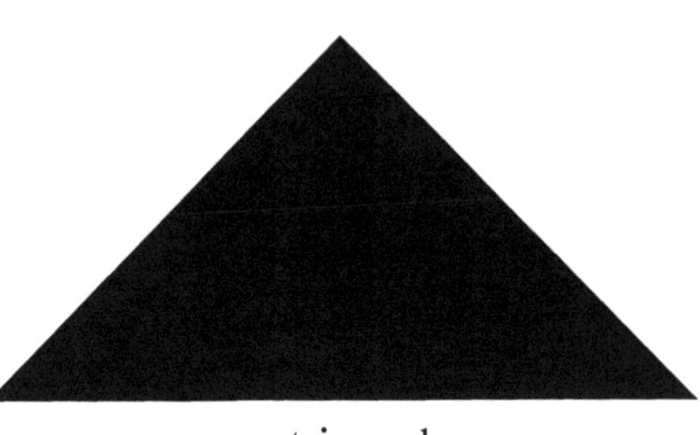

triangel

rektangel

cirkel

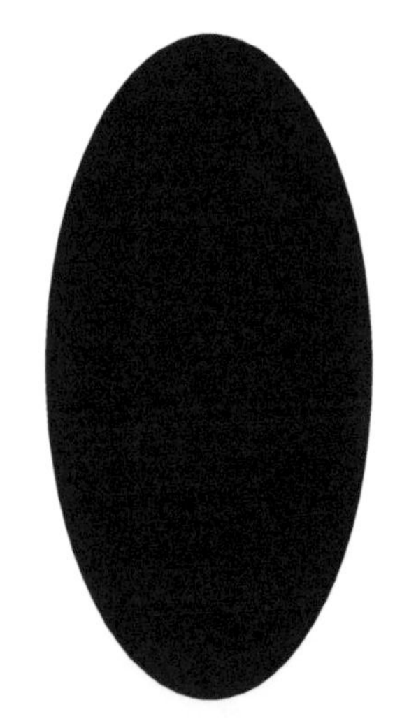

ellips

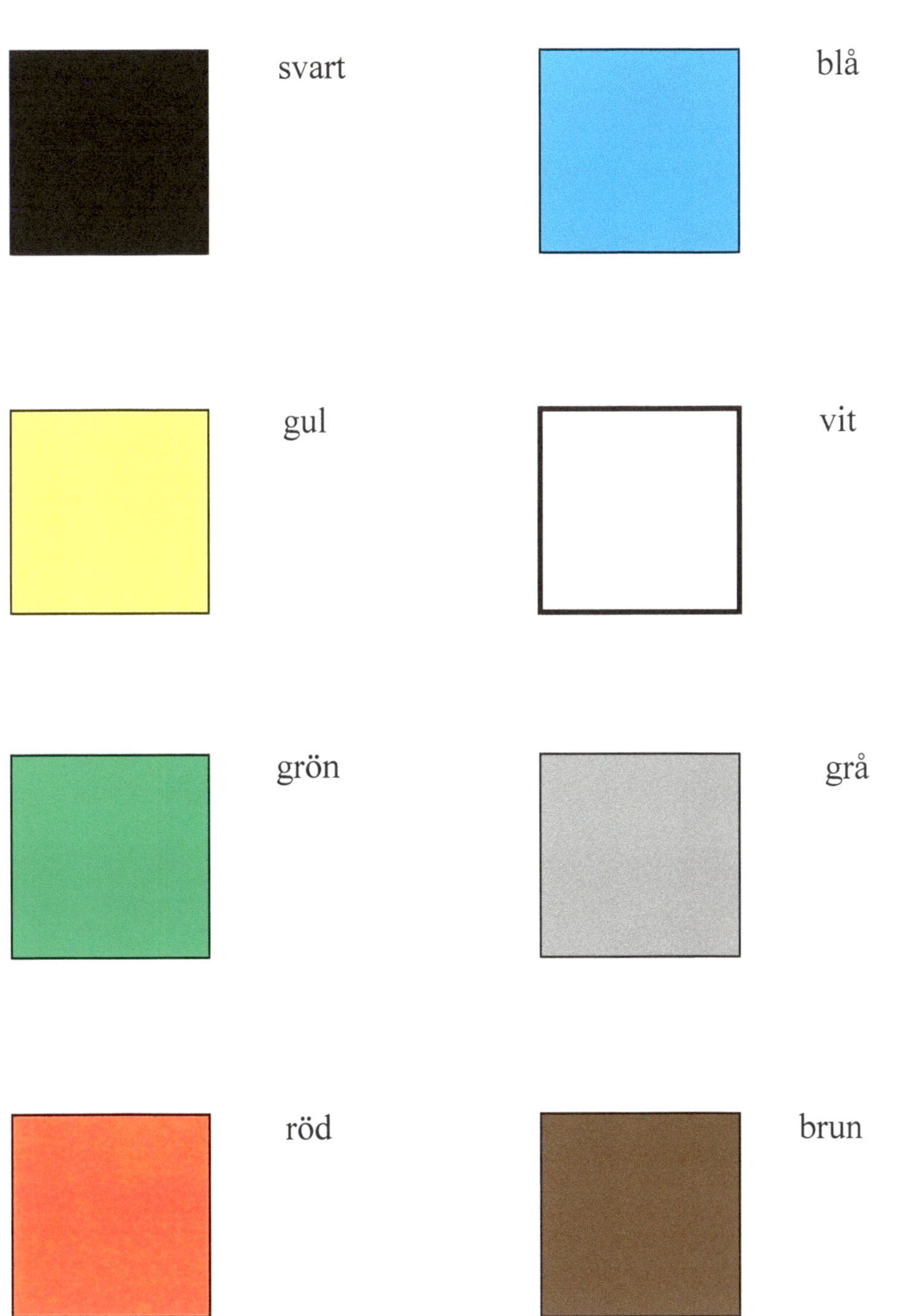

svart
blå
gul
vit
grön
grå
röd
brun

glad

arg

obestämd

förvånad

förvirrad

stödjande

fundersam

tveksam

stor

liten

snabb

långsam

bra

dålig

lätt

tung

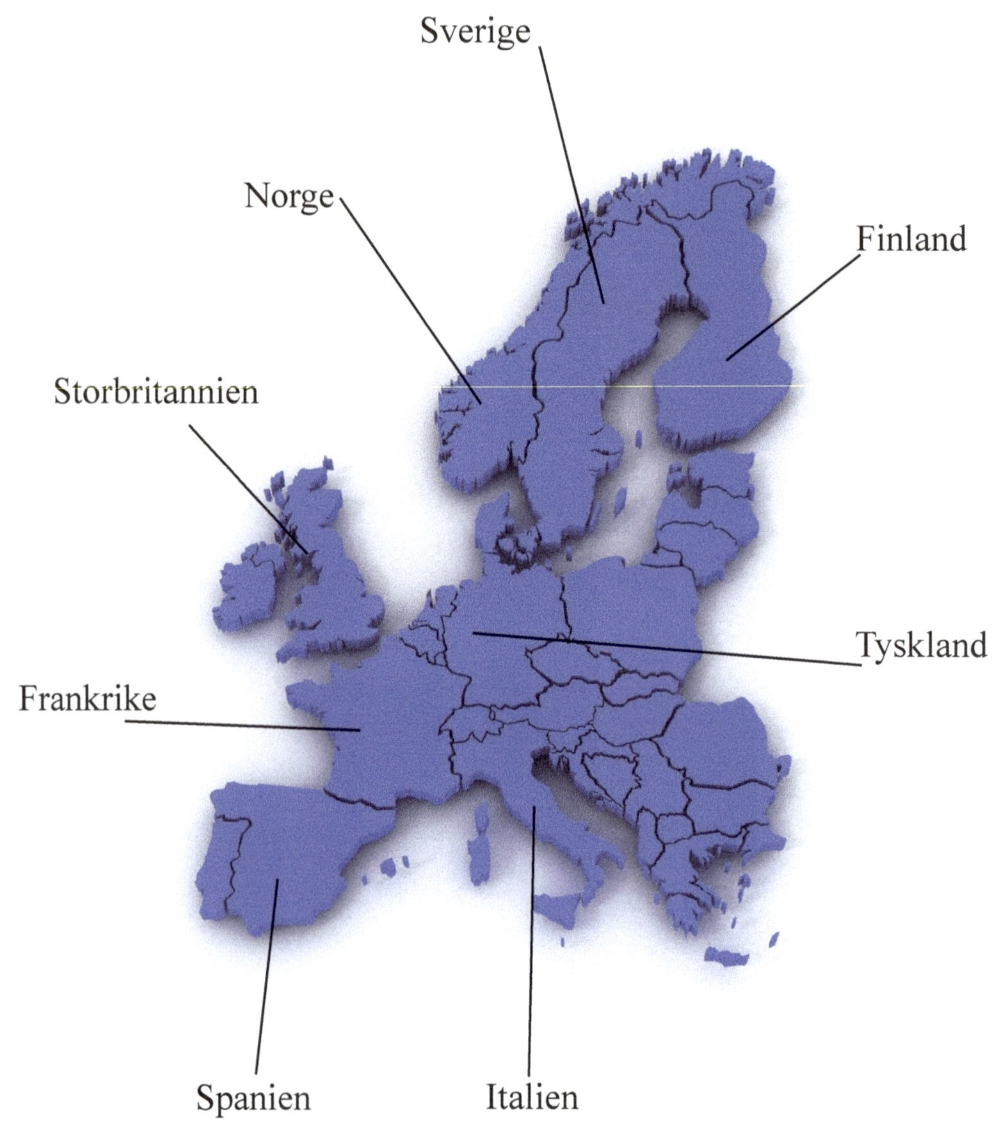

Sverige
Norge
Finland
Storbritannien
Frankrike
Tyskland
Spanien
Italien

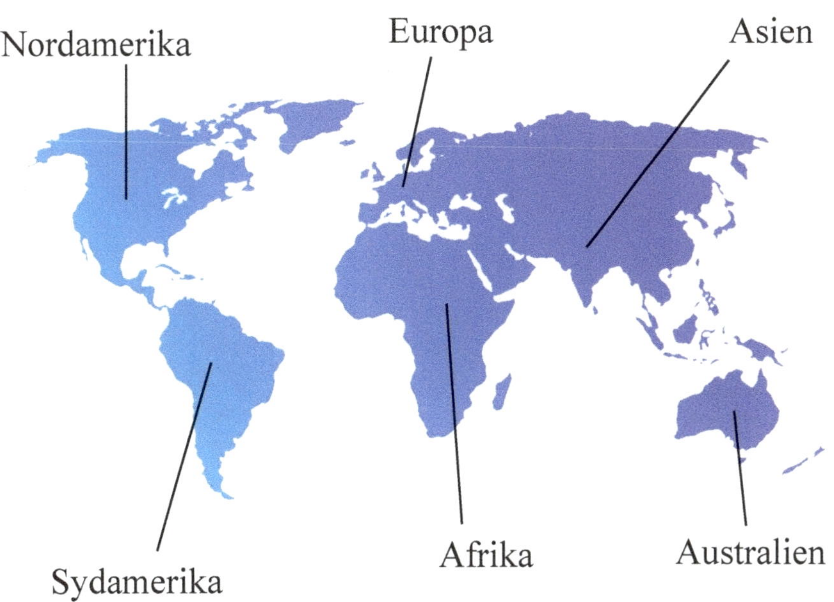

Nordamerika
Europa
Asien
Sydamerika
Afrika
Australien

vår

sommar

höst

vinter

9 789518 771633